Bibliografische Information der Deutschen Nationalbibliothek:

Die Deutsche Bibliothek verzeichnet diese Publikation in der Deutschen National-bibliografie; detaillierte bibliografische Daten sind im Internet über http://dnb.d-nb.de/ abrufbar.

Impressum:

Copyright © 2017 GRIN Verlag
Druck und Bindung: Books on Demand GmbH, Norderstedt Germany
ISBN: 9783668918399

Dieses Buch bei GRIN:

https://www.grin.com/document/461340

Julia Keller

Trainingsplanerstellung für Ausdauer

GRIN Verlag

GRIN - Your knowledge has value

Der GRIN Verlag publiziert seit 1998 wissenschaftliche Arbeiten von Studenten, Hochschullehrern und anderen Akademikern als eBook und gedrucktes Buch. Die Verlagswebsite www.grin.com ist die ideale Plattform zur Veröffentlichung von Hausarbeiten, Abschlussarbeiten, wissenschaftlichen Aufsätzen, Dissertationen und Fachbüchern.

Besuchen Sie uns im Internet:

http://www.grin.com/

http://www.facebook.com/grincom

http://www.twitter.com/grin_com

Deutsche Hochschule für

Prävention und Gesundheitsmanagement

Hermann Neuberger Sportschule 3

66123 Saarbrücken

Einsendeaufgabe

Fachmodul:	Trainingslehre 2
Studiengang:	BGM
Datum **Präsenzphase**	**06.11.2017 – 08.11.2017**
Name, Vorname:	Keller, Julia
Studienort:	**Hamburg**
Semester:	**WS 2016/2017**

Inhaltsverzeichnis

1   Diagnose

Die erste Aufgabe widmet sich der ersten Stufe des Fünf-Stufen-Modells, der Diagnose. Ziel ist es, den Ist-Zustand des Klienten zu bestimmen und somit eine optimale und sichere Trainingssteuerung zu ermöglichen (Oliver et al., 2008, S. 55-58).

1.1   Allgemeine und biometrische Daten

Die weibliche Klientin Frau Y. ist 39 Jahre alt, 180 groß und wiegt 82 kg. Ihr Körperfettanteil beträgt 27%. Beruflich ist sie Bürokauffrau. In ihrer Freizeit schaut sie gerne Fernsehen und trifft sich mit ihren Freundinnen auf einen Kaffee. Im Sommer wandern ihr Mann und sie die Schnarcherklippe im Harz. Sie merkt jedoch, dass Wanderungen sie schon nach einigen Kilometern überfordern und sie oftmals pausieren muss. Bis vor kurzem hat Frau Y. einmal wöchentlich einen 20-minütigen Spinning-Kurs belegt, soll jedoch aufgrund ihres Bluthochdrucks auf Empfehlung ihres Arztes kein Ausdauersport mit einer Herzdruckbelastung mehr durchführen, jedoch weiterhin etwas für die Gesundheit tun. Aufgrunddessen soll sie nun auf Empfehlung des Arztes mithilfe eines gezielten, methodischen Ausdauertrainings Schutzfaktoren aufbauen und ihre Ausdauer verbessern. Zudem sucht sie einen Ausgleich zu ihrer sitzenden zu 95% sitzenden beruflichen Tätigkeit. Die allgemeinen Daten sind folgender Tabelle zu entnehmen. Darüber hinaus sind die biometrischen Parameter in der zweiten Tabelle detektiert:

Tab. 1: allgemeine Daten der Klientin Frau Y.

Allgemeine Daten der Frau Y.	
Alter:	39 Jahre
Geschlecht:	weiblich
Körpergröße:	180 cm
Körpergewicht:	82 kg
Trainingsmotive:	1. Gesundheit 2. Aufbau der Grundausdauer
Beruf:	95% Sitzende Tätigkeit als Bürokauffrau, Vollzeit
Sportliche Aktivitäten:	1 x pro Jahr Wandertour im Harz, leichte Wanderung (6,13 km)
Frühere sportliche Aktivitäten:	1 x pro Woche Spinning (20 min), Anfängerkurs
Zeitlicher Verfügungsrahmen:	3 x pro Woche 1 Stunde

Tab. 2: Biometrische Daten der Klientin Frau Y.

Biometrische Daten der Frau Y.	
Blutdruck:	142/92 mmHg
Ruhepuls:	69 S/min.
Körperfettanteil:	27,00%
orthopädische Probleme:	Keine
internistische Probleme:	Arterielle Hypertonie Grad I
Ärztliche Behandlung:	Zur Zeit nicht in ärztlicher Behandlung
Sonstige gesundheitliche Einschränkungen oder Medikamenteneinnahme:	Keine

Die biometrischen Daten sind zu bewerten, um die weiteren Schritte der Trainingssteuerung risikolos zu gestalten und relevante Ziele für die Klientin Frau Y. zu definieren.

Der Blutdruck wird mit einem Blutdruckmessgerät ermittelt und lässt anhand der vorgegebenen Klassifikation der American Heart Association folgendes bewerten:

Tab. 3: Blutdruckklassifikation modifiziert nach Mancia et al., 2013, S. 1286

Bewertungsstufen	Systolisch (mmHg)	Diastolisch (mmHg)
Optimaler Blutdruck	< 120	< 80
Normaler Blutdruck	120-129	80-84
Hochnormaler Blutdruck	130-139	85-89
Hypertonie Grad I (leicht)	140-159	90-99
Hypertonie Grad II (mittelschwer)	160-179	100-109
Hypertonie Grad III (schwer)	≥180	≥110

Wie man der dritten Tabelle entnehmen kann, ist der Blutdruck mit einem Wert von 142
systolisch und 92 diastolisch der ersten Hypertoniestufe zuzuordnen.

Der Ruhepuls ist mit 69 Schlägen pro Minute im durchschnittlichen Bereich, der zwischen 60 und 80 Schlägen definiert ist (Weineck, 2003, S. 50).

Der Körperfettanteil, welcher mit einer Calibermessung durchgeführt worden ist, liegt mit 27% im normalen Bereich. Die Klassifikation kann man folgender Tabelle entnehmen:

Tab 4.: Zuordnung des Körperfettanteils, modifiziert nach Gallagher et al, 2000

	Frauen			
Alter (Jahre)	niedrig	normal	hoch	sehr hoch
20-39	< 21%	21-33%	33-39%	>39%
40-59	< 23%	23-34%	34-40%	40,00%
60-79	< 24%	24-36%	36-42%	> 42%

Durch die nicht vorhandenen gesundheitlichen Einschränkungen ergeben sich keine Kontraindikationen aus medizinischer Sicht bezüglich einer hohen Belast- und Trainierbarkeit. Die Hypertoniestufe 1 lässt eine Sportausübung ohne Einschränkung zu (Hoffmann, 2001, S. 20). Mit diesen erhobenen Daten kann als nächster Teilschritt der Ausdauertest eingeleitet werden.

1.2   Leistungsdiagnostik

Die Ausdauerleistungsfähigkeit der Frau Y. wird auf einem Fahrradergometer durchgeführt. Dieser Pre-Test gehört ebenfalls zu der ersten Stufe des Fünf-Stufen-Modells und wird als deduktiver Ansatz für Ableitung von Trainingsintensitäten, aber auch für den intra- und interindividuellen Leistungsvergleich verwendet (Bös, K., 1987).
Wie in der Aufgabe 1.1 ermittelt, ist die Klientin aus orthopädischer und internistischer Sicht voll belastbar. Jedoch schließt die geringe Erfahrung im Ausdauersport und der schwache Leistungszustand als weibliche Person eine maximale Ausdauertestung aus. Eine sichere Möglichkeit, den Leistungszustand der Klientin zu messen und die Trainingsintensitäten für sie zu bestimmen, stellt somit der submaximale Sufentest des Instituts für Prävention und Nachsorge [IPN] (2004, S. 1) dar. Somit wird die Klientin mit der Hypertoniestufe 1 nicht überbelastet. Dies muss ebenfalls beachtet werden, da eine statischen Belastung auf dem Fahrradergometer eine erhöhte Herzdruckarbeit ausübt. Gewählt wurde außerdem aufgrund der niedrigen Erfahrung im Ausdauersport und leis-

tungsschwachem Zustand das Belastungsschema der World Health Organsisation [WHO]. Dieser zeichnet sich durch die Eingangsbelastung von 25 Watt, einer Trittfrequenz zwischen 60 und 80 Umdrehungen pro Minute und einer Stufendauer von zwei Minuten aus.

1.2.1 Testverlauf

Bevor die Ausdauertestung beginnt, muss anhand des Schematas der IPN eine Voreinstufung durchgeführt werden. Hierbei wird die Pulsobergrenze für den Ausdauertest mithilfe von Alter und Ruheherzfrequenz ermittelt. Diese beträgt bei der Klientin 135 S/min. Da kein regelmäßiges Ausdauertraining erfolgt, wird kein weiterer Pulsaufschlag dazuaddiert (IPN, 2004, S. 4):

Tab. 5: Voreinstufung nach Ruheherzfrequenz und Lebensalter zwischen 30 und 39 (modifiziert nach Trunz, 2001; IPN, 2004, S. 4)

Voreinstufung nach Ruheherzfrequenz und Lebensalter zwischen 30 und 39						
Hfruhe:	<50	50-59	**60-69**	70-79	80-89	> 90
Zielherzfrequenz:	130	135	**135**	140	145	150

Die Standardisierung und Einheitlichkeit der Testdurchführung ist von hoher Relevanz, um die Aussagekraft des Ausdauertests so hoch wie möglich zu gestalten.

Aufgrunddessen werden einige relevante Einflussfaktoren wie die Temperatur, die Uhrzeit, Einstellungen des Sattels und Lenkers und der Koffeingenuss zusätzlich auf dem Testprotokoll vor der Testdurchführung notiert. Die Eingangsbelastung liegt bei 25 Watt. Die Belastung wird mit einer Trittfrequenz von 60 Umdrehungen pro Minute nach jeweils zwei Minuten um 25 Watt gesteigert. Das Herzfrequenzverhalten wird während der einzelnen Belastungsstufen nach jeder Minute notiert. Bei der Pulsobergrenze wird dann der Test beendet und die erreichte Wattanzahl als leistungsdiagnostischer Messparameter (Rost, 2002, S. 52) dokumentiert.

Frau Y. hat insgesamt vier Belastungsstufen vollständig durchfahren und in der fünften Belatungsstufe (125 Watt) die Pulsobergrenze nach ner neuten Minute erreicht. Somit liegt die absolute Wattleistung bei 112,5 Watt.

In folgender Tabelle sind die testrelevanten Parameter aufgeführt und die Dokumentation des Testablaufs notiert:

Tab. 6: Parameter zur Ausführung des Ausdauertest der World Health Organisation

Submaximaler Ausdauertest der World Health Organisation Frau Y.				
Name: Frau Y.	Alter: 39 Jahre		Geschlecht: weiblich	
Gewicht: 82 kg	Blutdruck: 142/92 mmHg		Leistungszustand: schwach	
Koffeingenuss: nein	Temperatur: 21,9°C		Tageszeit: 10:30	
Testbetreuer: Frau K.	Lenkerhöhe: 2		Sattelhöhe: 4	
Eingangsbelastung:	Stufendauer:		Belastungssteigerung:	Trittfrequenz:
25 Watt	2 Minuten		25 Watt	60 U/min
Pulsobergrenze:	Abbruchgrenze:			
135 s/min.	135 s/min.			
Zeit in Minuten	Watt	Hf1	Hf2	
1-2	25	90 s/min.	98 s/min.	
3-4	50	110 s/min.	112 s/ min.	
5-6	75	120 s/min.	124 s/min.	
7-8	100	126 s/min.	130 s/min.	
9-10	125	135 s/min.	-	
Absolute Wattleistung:	112,5 Watt			
Relative Wattleistung:	1,37 Watt/kg			
Bewertung:	☹			

1.2.2 Bewertung

Frau Y. hat ihre Pulsobergrenze von 135 s/min. nach der neunten Minute bei 125 Watt erreicht. Somit kann eine absolute Wattleistung von 112,5 Watt und eine relative Watt-leistung von 1,37 Watt erhoben werden (112,5 Watt/82 kg). Dieser Wert kann anhand der IPN Normwerttabelle für submaximale Radergometertests abgelesen und eingestuft werden (IPN, 2004, S.8).

Als Durchschnittswert wird hier für die Bewertung des Ergebnisses Zweidrittel der zur erbringenden Watt-Soll-Leistung des Vita-Maxima-Tests festgelegt. Dieser beträgt bei den weiblichen Personen in einer Altersspanne von 35 bis 39 Jahren 1,53 Watt/kg.

Folglich ist die Ausdauerleistung der Frau Y. als unterdurschnittlich (☹) zu bewerten.

1.3 Gesundheits- und Leistungsstatus der Person

Während der Ausdauertestung kam es gesundheitlich zu keinen gesundheitlichen Komplikationen, jedoch lies der Einstiegstest eine unzureichende Ausdauerleistungsfähigkeit festellen. Da das Testergebnis des Ausdauertests unterdurchschnittlich war, muss die Grundlagenausdauer mithilfe des Gesundheitsminimalprogramm erst einmal aufgebaut werden. Dies schließt im ersten Mesozyklus Trainingsmethoden außerhalb der extensiven Dauermethode aus, da erst einmal eine Basis für die Ausdauerleistungsfähigkeit geschaffen werden muss. Weitere Details dazu sind der dritten Aufgabe zu entnehmen.

2 Zielsetzung/Prognose

In der zweiten Aufgabe, die gleichzeitig die zweite Stufe des Fünf-Stufen-Modells darstellt, sind drei relevante Ziele der Klientin festgelegt. Sowohl ein biometrisches, als auch ein sportmotorisches Ziel, sollte aus einem präzisen Inhalt mit einem realistischen Ausmaß bestehen, welches in einer vorgegebenen Zeit erreicht wird. Die Messbarkeit ist wichtig, damit die Werte verglichen und gegebenenfalls Maßnahmen ergriffen werden können. Die Ziele sollten zudem mit den Motiven der Klientin übereinstimmen, um auch die Motivation aufrechtzuerhalten.

2.1 Biometrische Ziele

Die Klientin gibt als Trainingsmotiv an, etwas für die Gesundheit zu tun. Biometrische Parameter, welche oberhalb des Normbereichs liegen, wie beispielsweise zu hoher Körperfettanteil oder Blutdruck sind Risikofaktoren für Erkankungen des Herz-Kreislauf-Systems (Wirth, 2004, S. 1745-1752; Muster & Zielinski, 2006, S. 7).

Die Senkung des Körperfettanteils kann als Ziel ausgeschlossen werden, da dieser innerhalb des Normbereichs liegt und somit kein Risikofaktor ist. Relevant ist bei Frau Y. die Senkung des Bluthochdrucks. Realistisch ist eine Senkung von zehn mmHg systolisch und fünf mmHg diastolisch in einem Zeitraum von zwölf Wochen.

Der Ruhepuls der Klientin mit 69 Schlägen im durchschnittlichen Bereich, deutet jedoch auch auf einen nur mäßigen Leistungszustand hin, wie in der ersten Aufgabe erhoben wurde. Als Ziel wurde somit die Senkung des Ruhepulses um zwölf Schläge pro Minute festgelegt. Realistisch ist hierbei ein halber Schlag pro Woche. Wenn der Ruhepuls um 12 Schläge pro Minute gesenkt wird, spart das Herz im Jahr 5.806.080 Schläge ein. Aufgrund der Einengung der Herzkrankgefäße mit dem zunehmenden Alter und der damit verlangsamten Sauerstoffzufuhr ist es wichtig, durch die Senkung des Ruhepulses ein Gleichgewicht zwischen Sauerstoffbedarf und -angebot zu gewährleisten und somit auch Risikofaktoren für kardiovaskuläre Erkankungen abzubauen. Durch ein regelmäßiges Ausdauertraining kann somit auch ein Herzstillstand verhindert werden (Muster & & Zielinski, 2006, S. 4). Das Herz-Kreislauf-System wird durch dieses Ziel ökonomisiert und die Gesundheit gefördert.

2.2 Sportmotorische Ziele

Aufbau der sportmotorischen Fähigkeit Ausdauer ist ein weiteres Trainingsziel der Klientin. Sie gibt an, schnell bei ihren Wandertouren erschöpft zu sein, was auch in der Auswertung der Ausdauertestung ersichtlich wird. Daher ist es relevant, die Klientin von einem unterdurchschnittlichen zu einem durchschnittlichen Ergebnis zu führen. Dies bedeutet eine Steigerung der Wattleistung im submaximalen Fahrradergometertest um 0,16 Watt/kg.

Hierbei ist es das Ziel, durch die verbesserte Ausdauer eine gute Gesundheit zu ermöglichen. Ein emotionales Ziel der Klientin ist auch, die jährliche Wanderung ohne vielen Pausen mit ihrem Mann zu schaffen. Die Übereinstimmung der Zielsetzung der Trainingsmotive ist ein wichtiger Faktor für die Trainingsmotivation. Auch das plangemäße, systematische Training ist relevant für das Erreichen des Trainingserfolges und reduziert somit die Drop-Out-Quote (Rampf, 1999).

Tab. 7: Zielsetzung der Frau Y.

Inhalt:	Ausmaß:	Zeit:
Ruhepuls senken	Senkung um 12 Schläge pro Minute	6 Monate
Blutdruck senken	Senkung um 20 mmHg systolisch, 10 mmHg diastolisch	6 Monate
Verbesserung der Ausdauerleistungsfähigkeit	Steigerung der Wattleistung im submaximalen Fahrradergometertest von 1,37 watt/kg auf 1,53 Watt/kg	3 Monate

3 Trainingsplanung Mesozyklus

3.1 Grobplanung Mesozyklus

Tab.8: Grobplanung Mesozyklus der Frau Y.

Grobplanung Mesozyklus	
Dauer:	6 Wochen
Vorgesehene Trainingsmethode:	Extensive Dauermethode (ext. DM)
Übergeordnete spezifische Zielsetzung:	Aufbau Grundlagenausdauer (GA1)
Belastungsumfang pro Woche:	40 – 60 Minuten
Hfmax:	Crosstrainer: 191 Walken, Laufband: 181
Belastungsintensität:	60-65% Hffmax (extensiv)
Trainingshäufigkeit pro Woche:	2-3 x pro Woche
Dauer pro Trainingshäufigkeit:	20 min.
Angestrebter wöchentlicher Gesamttrainingsumfang in min:	Woche 1: 40 min. Woche 2: 40 min. Woche 3: 60 min. Woche 4: 60 min. Woche 5: 60 min. Woche 6: 60 min.
Trainingsgeräte:	Crosstrainer, Laufband (walken)

3.2 Detailplanung Mesozyklus

Tab. 9: Detailplanung des ersten Mesozyklus von Frau Y.

Woche 1	Mo	Mi	Fr	Woche 2	Mo	Mi	Fr
Trainings-methode	Ext. DM	Ext. DM	-	Trainings-methode	Ext. DM	Ext. DM	-
Trainingsin-tensität	60-65% Hfmax	60-65% Hfmax	-	Trainingsin-tensität	60-65% Hfmax	60-65% Hfmax	-
Trainings-ziel	Aufbau GA1	Aufbau GA1	-	Trainings-ziel	Aufbau GA1	Aufbau GA1	-
Herzfre-quenz	109 - 118 s/min.	109 - 118 s/min.	-	Herzfre-quenz	109 - 118 s/min.	109 - 118 s/min.	-
Trainings-dauer	20 min.	20 min.	-	Trainings-dauer	20 min.	20 min.	-
Trainings-gerät	Laufband (walken)	Laufband (walken)	-	Trainings-gerät	Laufband (walken)	Laufband (walken)	-
Woche 3	**Mo**	**Mi**	**Fr**	**Woche 4**	**Mo**	**Mi**	**Fr**
Trainings-methode	Ext. DM	Ext. DM	Ext. DM	Trainings-methode	Ext. DM	Ext. DM	Ext. DM
Trainingsin-tensität	60-65% Hfmax	60-65% Hfmax	60-65% Hfmax	Trainingsin-tensität	60-65% Hfmax	60-65% Hfmax	60-65% Hfmax
Trainings-ziel	Aufbau GA1	Aufbau GA1	Aufbau GA1	Trainings-ziel	Aufbau GA1	Aufbau GA1	Aufbau GA1
Herzfre-quenz	109 - 118 s/min.	115 - 124 s/min.	109- 118 s/min.	Herzfre-quenz	109- 118 s/min.	115 - 124 s/min.	109- 118 s/min.
Trainings-dauer	20 min.	20 min.	20 min.	Trainings-dauer	20 min.	20 min.	20 min.
Trainings-gerät	Laufband (walken)	Crosstrai-ner	Laufband (walken)	Trainings-gerät	Laufband (walken)	Crosstrai-ner	Laufband (walken)
Woche 5	**Mo**	**Mi**	**Fr**	**Woche 6**	**Mo**	**Mi**	**Fr**
Trainings-methode	Ext. DM	Ext. DM	Ext. DM	Trainings-methode	Ext. DM	Ext. DM	Ext. DM
Trainingsin-tensität	60-65% Hfmax	60-65% Hfmax	60-65% Hfmax	Trainingsin-tensität	60-65% Hfmax	60-65% Hfmax	60-65% Hfmax
Trainings-ziel	Aufbau GA1	Aufbau GA1	Aufbau GA1	Trainings-ziel	Aufbau GA1	Aufbau GA1	Aufbau GA1
Herzfre-quenz	115 - 124 s/min.	109 - 118 s/min.	115 - 124 s/min.	Herzfre-quenz	115 - 124 s/min.	109 - 118 s/min.	115 - 124 s/min.
Trainings-dauer	20 min.	20 min.	20 min.	Trainings-dauer	20 min.	20 min.	20 min.
Trainings-gerät	Crosstrai-ner	Laufband (walken)	Crosstrai-ner	Trainings-gerät	Crosstrai-ner	Laufband (walken)	Crosstrai-ner

3.3 Begründung zum Mesozyklus

3.3.1 Begründung zum wöchentlichen angestrebten Belastungsumfang

Um das Training effektiv wie möglich zu gestalten, müssen Prinzipien der Trainingslehre beachtet werden. Das Prinzip der Wiederholung und Kontinuität ist bei der Gestaltung des wöchentlichen Belastungsumfangs zu beachten, da ein Training regelmäßig und mehrmals wöchentlich erfolgen soll, damit sich verschiedene Funktionssysteme im Körper umstellen können und die Adaptation erreicht werden kann. Folglich wird dann durch das Anreichern von energierreichen Stoffen auch das Enzym- und Hormonsystem, so wie das Zentralnervensystem umgestellt. Es werden mindestens vier bis sechs Wochen für eine Funktionserhöhung benötigt, was einem Mesozyklus entspricht (Eisenhut, A., Zintl, F., 2014, S. 25 ff.).

Empfohlen werden hierbei mindestens ein Ausdauertraining von bis zwei mal wöchentlich, optimal drei bis vier mal die Woche. Die ersten zwei Wochen starten mit zwei Trainingseinheiten à 20 Minuten, wobei ab der dritten Woche eine Trainingshäufigkeit von drei mal wöchentlich à 20 Minuten erfolgt.

3.3.2 Begründung der ausgewählten Trainingsmethoden

Aufgrund der definierten Ziele, welche der zweiten Aufgabe zu entnehmen sind, und unter Berücksichtung der geringen Erfahrung im Ausdauertraining, ist ausschließlich die extensive Dauermethode im Mesozyklus gewählt.

Die Dauermethode zeichnet sich durch eine niedrige, gleichbleibende Belastung und einer längeren Trainingsdauer ohne lohnende Pause aus (Hottenrott & Neumann, 2016, S. 143). Die extensive Dauermethode ist durch eine gleichbleibene Belastung bei unveränderter Intensität definiert. Da es sich bei der Klientin um eine Anfängerin handelt, startet sie mit einer Intensität von 60-65% Hfmax und einer Trainingsdauer von 20 Minuten.

Während der extensiven Dauermethode wird die aerobe Schwelle nicht überschritten, was eine niedrige Laktatproduktion von 2-2,5mmol/l Laktat zur Folge hat. Das Training kann somit in einer längeren Zeitspanne ohne eine schnelle Erschöpfung durchgeführt werden. Hierbei wird durch das Prinzip des trainingswirksamen Reizes deutlich, dass die Mindestreizschwelle mit einer Intensität von 60-65% Hfmax ausreicht, um Anpassungserscheinungen auszulösen (ACSM, 2006b).

Das kardiopulmonare und kardiovaskuläre System adaptiert durch diese Trainingsme-
thode, das durch ein Senkung der Ruheherzfrequenz und Erhöhung des Lungenvolu-
mens einen Schoneffekt gewährleistet. Durch die Vergrößerung des Kapillarnetzes im
Muskel wird zudem die periphere Durchblutung verbessert und somit ein Schutzfaktor
gegen das Verkalken der Blutgefäße aufgebaut (Zintl & Eisenhut, 2001, S. 68).

Die Ziele der Klientin Y. können durch extensive Dauermethode optimal angesteuert
werden, da durch die Ökonomisierung des Herzkreislaufsystems der Sauerstoffver-
brauch außerhalb des Trainings abnimmt und die Grundausdauer durch die Erhöhung
der aeroben Enzymaktivität aufgebaut wird (Hottenrott & Neumann, 2010, S. 144).

3.3.3 Begründung zur Belastungsprogression

Die drei Belastungskomponente Häufigkeit pro Woche, Dauer einer Einheit und die Intensität des Ausdauertrainings sind ausschlaggebend bei der Planung eines Zyklus.

Ein ehemals überschwelliger Reiz kann nach einem regelmäßigen Training unterschwel-
lig wirken. Daher muss die Trainingsbelastung kontinuierlich gesteigert werden.

Hierbei muss das Prinzip der progressiven Belastungssteigerung „Häufigkeit vor Dauer
vor Intensität" berücksichigt werden, um die Ausdauerleistung optimal zu verbessern
(Eisenhut, A. & Zintl, F., 2014, S. 16).

Da die Kundin einen zeitlichen Verfügungsrahmen von dreimal pro Woche angibt, kann
die progressive Belastungssteigerung problemlos über die Häufigkeit erfolgen. Im ersten Mesoyklus, der in 3.1 und 3.2 erläutert wird, steigt das zweimal wöchentliche Training in ab der dritten Woche auf dreimal wöchentlich an.

Ab dem zweiten Mesozyklus muss dann als zweiter Schritt die Trainingsdauer wöchentlich um zehn Prozent erhöht werden. Die Steigerung der Intensität wird vor Abschluss
des Gesundheitsminimalprogramms noch nicht vorgenommen und folgt frühestens im
Gesundheitsoptimalprogramm.

3.3.4 Begründung zu den angesteueten Trainingsbereichen

Aufgrund der in der zweiten Aufgabe aufgeführten Ziele empfiehlt sich zum einen für die Senkung des Ruhepulses und des Bluthochdrucks, aber auch zum Aufbau der Grundlagenausdauer das Training nach der Grundlagenausdauer 1, um ihre jährliche Wandertouren ohne viele Pause zurücklegen zu können. Für diese Art von Aktivität im aeroben Bereich ist es essentiell, die lang ausdauernde Belastung zu verbessern: Durch das Training im aeroben Bereich wird kaum Laktat (Milchsäure) produziert. Durch die erhöhte Sauerstoffaufnahme wird der Organismus so angepasst, dass Sauerstoff besser zu den Muskeln produziert werden kann. Daraus resultieren sich folgende Aufgaben der GA1 (Güllich, A. & Krüger, M, 2013, S. 464):

- Entwicklung der Grundlagenausdauer
- Erhöhung der aeroben Leistungsfähigkeit
- Ökonomiserung und Stabilisierung der Funktionen des Herz-Kreislauf-Systems

3.3.5 Begründung der ausgewählten Ausdauergeräte und Bewegungsformen

Um geeignete Ausdauergeräte zu finden, muss die Herzarbeit bei den verschiedenen Geräten analysiert werden. Aufgrund der Hypertoniestufe 1 werden Ausdauergeräte mit statischer Belastung, wie beispielsweise das Fahrradergometer oder Rudergerät ausgeschlossen, um die Herzdruckarbeit so gering wie möglich zu halten. Bewegungen, die einen hohen Anteil an Muskelgruppen beanspruchen und somit dynamisch sind, richten durch die hohe Sauerstoffversorgung eine höhere Herzvolumenarbeit aus. Ausdauergeräte wie das Laufen oder Walken auf dem Laufband und das Training am Crosstrainer sind für einen Hypertoniker somit geeignet, da der Blutdruck bei einer Herzvolumenarbeit kaum ansteigt (Rost, R. & Bjarnason-Wehrens, B., 2005).

Die ersten Wochen beinhalten ausschließlich das Walken auf dem Laufband. Aufgrund der Suche nach dem Ausgleichs zur fast ausschließlich sitzenden Tätigkeit und der vertrauten, alltagsnahen ist dies eine optimale Bewegunsausführung für den Einstieg. Zudem gleicht diese Art von Ausdauertraining ihren Wandertouren.

Als zweites Ausdauergerät wurde der Crosstrainer gewählt, welches ebenfalls einen geringe Herzdruckarbeit ausführt. Die geführte Bewegung soll auf das Laufen auf dem Laufband im zweiten Mesozyklus vorbereiten, da es sich um eine Anfängerin handelt.

4 Literaturrecherche

Die letzte Aufgabe verdeutlicht anhand zweier Studien die Effizienz des Ausdauertrainings bei Personen mit arterieller Hypertonie.

Tab. 10: Kontrollierte Studie des Ausdauertrainings bei Bluthochdruck nach Martin et. al. (1990)

Eine ranomisierte kontrollierte Studie zum Effekt des Ausdauertrainings bei Bluthochdruck	
Wer hat diese Studie durchgeführt?	John E. Martin, Patricia M. Dubbert, William C. Cushmann
In welchem Jahr wurde die Studie publiziert?	Mai 1990
Mit welchen Versuchspersonen wurde die Studie durchgeführt?	- 27 männliche Personen mit einem nicht eingestellten Blutdruck von 90-140 mmHg diastolisch im Alter von 18 bis 60 Jahre, Hypertonstufe I und II führten die Studie durch
Wie sah der Versuchsaufbau der Studie aus?	27 männlichen Versuchspersonen wurden in einem Zufallsprinzip in die Ausdauergruppe und in Placebo-Kontrollgruppe unterteilt und zehn Wochen in einem veterinären Universitätsklinikum getestet. 77% der Ausdauergruppe und 65% der Placebo-Kontrollgruppe beendeten die Studie komplett, acht Personen mussten die Studie aus gesundheitlichen Gründen abbrechen: - vierzehn Personen der Ausdauergruppe absolvierten dabei viermal die Woche ein 30-minütiges Ausdauerprogramm mit der Intensität von 65-80% Hfmax, welches die Aktivitäten Walken, Joggen und stationäres Fahrradfahren inkludierte, davon beendeten nur zehn Personen diese erfolgreich - dreizehn Patienten wurden der Placebo-Kontrollgruppe zugewiesen, welches ein 30-minütiges Trainingsprogramm aus Dehnübungen, Gymnastik mit einer Intensität von kleiner 60%hfmax inkludierte, davon beendeten neun Personen diese erfolgreich - sieben der neuen Personen der Kontrollgruppe führten anschließend noch einmal das Ausdauerprogramm durch
Welche relevanten Ergebnisse und Schlussfolgerungen liefert die Studie?	- der Blutdruck reduzierte sich um 4,7mmhG-9,6mmHg diastolisch und um 6,4-9,1 mmHg systolisch in der Ausdauertrainingsgruppe - der Blutdruck vergrößerte sich in der Kontrollgruppe um 0,8-6,2 mmHg diastolisch und 0,9-9,7 mmHg systolisch - regelmäßiges Ausdauertraining mit einer Intensität von 65-80% Hfmax kann den Blutdruck systolisch sowie diastolisch bei nicht eingestellten Bluthochdruck der Hypertoniestufe I und II bei männlichen Personen senken

Tab.11: Ausdauertraining bei therapieresistenter Hypertonie nach Dimeo et al. (2012)

Eine randomisierte, kontrollierte Studie zur Blutdrucksenkung durch Ausdauertraining bei therapieresistenter Hypertonie	
Wer hat diese Studie durchgeführt?	Fernando Dimeo, Nikolaos Pagonas, Felix Seibert, Robert Arndt, Walter Zidek, Timm H. Westhoff
In welchem Jahr wurde die Studie publiziert?	Semptember 2012
Mit welchen Versuchspspersonen wurde die Studie durchgeführt?	- 29 weibliche Personen mit einem therapieresistenen Blutdruck von ≥ 140/90 mmHg trotz drei blutdrucksenkender Medikamente oder Hypertonie, welcher mit ≥ vier blutdrucksenkenden Medikamenten eingestellt ist - 21 männliche Personen mit einem therapieresistenen Blutdruck von ≥ 140/90 mmHg trotz drei blutdrucksenkender Medikamente oder Hypertonie, welcher mit ≥ vier blutdrucksenkenden Medikamenten eingestellt ist - vierzehn von diesen Versuchspersonen haben einen Blutdruck ≥ 140/90 mmHg trotz drei blutdrucksenkender Medikamente, 36 einen mit ≥ vier blutdrucksenkenden Medikamenten eingestellten Bluthochdruck
Wie sah der Versuchsaufbau der Studie aus?	50 weibliche und männliche Personen mit therapieresisten Bluthochdruck wurden stichprobenartig in die Ausdauer- und Placebo-kontrollgruppe unterteilt und zwischen acht bis zwölf Wochen getestet Vor Beginn und nach Abschluss der Studie mussten die Probanten eine 24 Stunden Blutdruckmessung durchführen. Dreizehn weibliche Personen und elf männliche Personen wurden der Ausdauergruppe zugeordnet, wobei zwei Personen den Test abbrachen. Sechszehn weibliche Personen und zehn männliche Personen wurden der Kontrollgruppe zugeordnet, wobei eine Person vor Ende der Studie abbrach: - elf weibliche Personen und 25 männliche Personen der Ausdauergruppe beendeten den Test erfolgreich, welcher aus einem dreimal wöchentlichen Intervalltraining in Form des Walken auf dem Laufband bestand, das Ziel der Laktatkonzentration war 2.0-0.5 mmol/L im Kapillarblut, leicht über der aeroben Schwelle, nach Beendung der Studie wurde eine weitere Blutdruckmessung durchgeführt - sechzehn weibliche und zehn männliche Personen der Kontrollgruppe haben nicht an dem Ausdauertraining teilgenommen
Welche relevanten Ergebnisse und Schlussfolgerungen lieferte die Studie?	- Der Blutdruck konnte in der Ausdauergruppe um 6-12 mmHg systolisch und 3-7 mmHg diastolisch ohne weitere Medikamente gesenkt werden, der Blutdruck der Personen in der Kontrollgruppe blieb weiterhin konstant, es wurde eine Änderung <1 mmHg festgestellt - Ausdauertraining führt bei therapieresistenter Hypertonie zu erfolgreicher Senkung des Blutdrucks und kann blutdrucksenkende Medikamente erfolgreich ersetzen

5   Literaturverzeichnis

Bös, K. *Handbuch sportmotorische Tests*. Göttingen: Verlag für Psychologie.

Dimeo, F., Pagonas, N., Seibert, F., Arndt, R., Zidek, W. & Westhoff, T. H. (20:2). Aerobic exercise reduces blood pressure in resistant hypertension. *Hypertension (Dallas, Tex. : 1979), 60* (3), 653-658. Aufgerufen am 23.11.2017. Online verfügbar auf: http://hyper.ahajournals.org/content/60/3/653.

Eisenhut, A. & Zintl, F. (2014). *Ausdauertraining. Grundlagen, Methoden, Trainingssteuerung* (Sportwissen, 1. Aufl.). München: BLV.

Gallagher, D., Heymsfield, S. B., Heo, M., Jebb, S. A., Murgatroyd, P. R. & Sakamoto, Y. (2000). Healthy percentage body fat ranges. An approach for developing guidelines based on body mass index. *The American journal of clinical nutrition, 72* (3), 694-701.

Güllich, A. & Krüger, M. (2013). *Sport. Das Lehrbuch für das Sportstudium* (Bachelor, 1. Aufl.). Berlin, Heidelberg: Springer Berlin Heidelberg. Verfügbar unter http://dx.-doi.org/10.1007/978-3-642-37546-0

Hoffmann, G. Hypertonie und Sport [Abstractband]. *Deutsche Zeitschrift für Sportmedizin, 52* (7-8), 20.

Hottenrott, K. & Neumann, G. (2010). *Trainingswissenschaft. Ein Lehrbuch in 14 Lektionen* (Sportwissenschaft studieren, Bd. 7). Aachen: Meyer & Meyer.

Insitut für Prävention und Nachsorge. (2004). *IPN-Test - Ausdauertest für den Fitness- und Gesundheitssport*. Köln: Institut für Prävention und Nachsorge.

Janssen, P. G. J. M. & Weineck, J. (2003). *Ausdauertraining. Trainingssteuerung über die Herzfrequenz- und Milchsäurebestimmung* (3., überarb. und erw. Aufl.). Balingen: Spitta-Verl.

Mancia, G., Fagard, R., Narkiewicz, K., Redón, J., Zanchetti, A., Böhm, M. et al. (2013). 2013 ESH/ESC Guidelines for the management of arterial hypertension. The Task Force for the management of arterial hypertension of the European Society of Hypertension (ESH) and of the European Society of Cardiology (ESC). *Journal of hypertension, 31* (7).

Martin, J. E., Dubbert, P. M. & Cushman, W. C. (1990). Controlled trial of aerobic exercise in hypertension. *Circulation, 81* (5), 1560-1567. Aufgerufen am 22.11.2017. Online verfügbar auf: https://pdfs.semanticscholar.org/fa32/759d68678e5d591f3d24a1b0963ea1cac6b6.

Muster, M. & Zielinski, R. (2006). *Bewegung und Gesundheit. Gesicherte Effekte von körperlicher Aktivität und Ausdauertraining.* Darmstadt: Steinkopff Verlag Darmstadt. Verfügbar unter http://site.ebrary.com/lib/alltitles/docDetail.action? docID=10183076

Olivier, N., Marschall, F. & Büsch, D. (2008). *Grundlagen der Trainingswissenschaft und -lehre* (Grundlagen der Sportwissenschaft, Bd. 3). Schorndorf: Hofmann.

Rampf, J. (1999). *Drop-out und Bindung im Fitness-Sport. Günstige und ungünstige Bedingungen für Aktivitäten im Fitness-Studio* (Sportwissenschaftliche Dissertationen und Habilitationen, Bd. 48, 1. Aufl.). Zugl.: Bayreuth, Univ., Diss., 1998. Hamburg: Czwalina.

Rost, R. & Appell, H.-J. (Hrsg.). (2002). *Lehrbuch der Sportmedizin* (Unveränd. Nachdr). Köln: Dt. Ärzte-Verl.

Rost, R. & Bjarnason-Wehrens, B. (2005). *Sport- und Bewegungstherapie bei inneren Krankheiten. Lehrbuch für Sportlehrer, Übungsleiter, Physiotherapeuten und Sportmediziner* (3. Aufl.). Köln: Dt. Ärzte-Verl.

Trunz, E. (2001). *IPN-Test - Ausdauertest für den Fitness- und Gesundheitssport.* Köln.

Weineck, J. (2007). *Optimales Training. Leistungsphysiologische Trainingslehre unter besonderer Berücksichtigung des Kinder- und Jugendtrainings* (15. Aufl.). Balingen: Spitta.

Whaley, M. H., Brubaker, P. H. & Otto, R. M. (Hrsg.). (op. 2006). *ACSM's guidelines for exercise testing and prescription* (7th ed.). Philadelphia: Lippincott Williams & Wilkins.

Wirth, A. Lebensstiländerungen zur Prävention und Therapie von arteriosklerotischen Krankheiten. *Deutsches Ärzteblatt,* 24, S. 1745-1752.

Zintl, F. & Eisenhut, A. (2001). *Ausdauertraining. Grundlagen, Methoden, Trainingssteuerung* (BLV-Sportwissen, 5., überarb. Aufl., (Neuausg.)). München: BLV.

6   Tabellenverzeichnis